PARADISE
복지재단

재단법인 파라다이스 복지재단은 기업이윤의 사회 환원을 통해 더불어 살아가는 사회를 구현하고 미래를 창조하기 위해 1994년 설립되었습니다.

장애인을 비롯한 소외계층의 어려움을 함께 나누고 보다 풍요로운 미래를 디자인 하겠다는 한결같은 열정으로 교육, 치료, 문화, 예술 등 다양한 영역의 복지사업을 수행하고 있습니다.

www.isorimall.com

아이소리몰은 양질의 진단평가도구 및 교재교구 개발 및 보급하기 위해 파라다이스 복지재단의 수익사업으로 2002년 시작되었습니다.

아이소리몰의 판매 수익금은 특수교육, 장애인 인식개선사업, 현장지원사업 등 파라다이스 복지재단의 다양한 사회복지사업에 수익금 전액이 환원되어 장애인 복지증진에 재사용 되고 있습니다.

 https://pf.kakao.com/
_LnxlzK

 isorimall_official

 https://blog.naver.com/
paradisewelfare3296

받침 탐험대

우리는 자신에게 필요한 정보를 얻고 전달하기 위해 읽기 · 쓰기 능력을 사용합니다.

이러한 읽기 · 쓰기 능력은 교과목 학업성취에도 필수적입니다.

읽기 · 쓰기에 어려움을 보이는 아동은 전반적인 학업성취에 어려움을 겪습니다.

임상에서 읽기 · 쓰기 수업을 할 때 느낀 가장 큰 걸림돌은 아동의 좌절입니다.

읽거나 쓸 수 있는 받침은 한두 개뿐인데 책이나 학습자료에는 너무나도 많은 받침이 쏟아져 나옵니다.

아이들은 읽고 쓰는 것에 점점 흥미를 잃어버리는 모습을 보며 마음이 아팠습니다.

'받침 탐험대' 시리즈는 받침을 처음 배우기 시작한 아이들도 동화책 한 권을 스스로 읽는 재미를

느끼게 하고 싶어서 개발하였습니다. 한 개의 받침만 알아도 이야기를 읽고 쓰며

자신만의 동화책을 만드는 경험을 할 수 있습니다.

'받침 탐험대' 시리즈는 읽기 · 쓰기 발달과정을 고려하여 동화책과 워크북을 구성하였습니다.

아이들은 교재 속 음가 학습, 음소 인지, 음소 생략 · 첨가, 읽기 유창성, 덩이글 이해력 증진(짧은 독해),

따라 쓰기, 받아쓰기 활동을 통해 자기주도적인 읽기 · 쓰기를 경험할 수 있습니다.

스스로 무엇인가를 한다는 것은 아주 뜻깊은 일입니다. 아이가 스스로 세상에 내뱉은 첫 낱말,

스스로 내디딘 첫 걸음은 매우 뜻깊고 기쁜 순간입니다.

본 교재를 통해 아이들이 스스로 책을 읽고 쓰는 기쁨을 접하길 바랍니다.

저자_이다원

• 한림대학교 언어병리학 전공, 청각학 부전공

• 이화여자대학교 언어병리학 석사 / 1급 언어재활사

+

https://www.instagram.com/slp_dw/

https://blog.naver.com/slp_dw

2024. 04

이 다 원

받침
탐험대
놀이터에 놀러가요

안녕? 반가워!

받침탐험대에 온 것을 환영해!

보물 지도 속 재료를 모두 모으면

'전설의 한글 약'을 만들 수 있어.

'전설의 한글 약'을 먹으면 어떤 글자를 만나더라도

전부 읽고 쓸 수 있게 된대!

그럼 우리 함께 재료를 찾으러 떠나볼까?

구성 및 지도방법

1. 음가 배우기

- 학생이 받침의 음가를 정확하게 인식하고 있는지 확인합니다.
- 입모양 그림을 활용해 정확한 소리를 낼 수 있는지 확인합니다.
- 초성에서의 소리와 종성에서의 소리의 차이를 인식하고 정확하게 산출할 수 있도록 지도합니다.

2. 음소 인지

- 단어 속에서 받침을 인지하고 있는지 확인합니다.
- 인지에 어려움을 보이는 경우 받침 부분만 길게 소리 내어 들려줍니다.
- 소리로만 인지하는 것이 어렵다면, 목표 받침이 포함되는 음절을 찾아 표시하도록 지도합니다.

3. 음소 생략·첨가

- 목표 받침을 단어 속에서 첨가 또는 생략할 수 있는지 확인합니다.

4. 어휘 예습

- 동화를 읽기 전 목표 받침이 들어가는 어휘를 예습합니다.

5. 동화 읽기

- 유창하게 읽는 것에 어려움이 있는 경우 목표 받침이 포함된 단어를 먼저 읽은 뒤 문장 전체를 읽도록 지도합니다.

6. 질문에 답하기

- 동화를 다 읽은 뒤 실시합니다.
- 내용을 기억하지 못하는 경우 스스로 문장을 읽고 문제에 답할 수 있도록 지도합니다.

받침 탐험대

놀이터에 놀러가요

받침[ㄹ] 음가 배우기

- 지도자가 소리를 먼저 들려주세요.

- 이후 학생용 페이지의 입모양을 보여주며 소리의 특성을 설명해 주세요.

- 초성에서의 소리와 종성에서의 소리의 차이를 설명해 주세요.

- 글자의 이름과 소리가 다름을 분명히 인지시켜주세요.

지도의 예시

지도자 : (학생용 페이지의 엘코닌 박스를 가리키며) 이 글자의 이름은 무엇인가요?

학생 : 리을이에요.

지도자 : 네 맞았어요. 리을이에요. 리을은 위치에 따라 소리가 다르게 나요. (초성 엘코닌 박스를 가리키며) 이곳에서는 어떤 소리가 날까요?

학생 : /르/소리가 나요.

지도자 : 네 맞았어요. 초성에서는 /르/소리가 나요. 그러면 (종성 엘코닌 박스를 가리키며) 이곳에서는 어떤 소리가 날까요?

학생 : /을/소리가 나요.

받침[ㄹ] 음가 배우기

내 이름은 '리을'입니다. 초성에 오면 /르/라고 소리 나지만 받침에서는 /을/이라고 소리가 나요

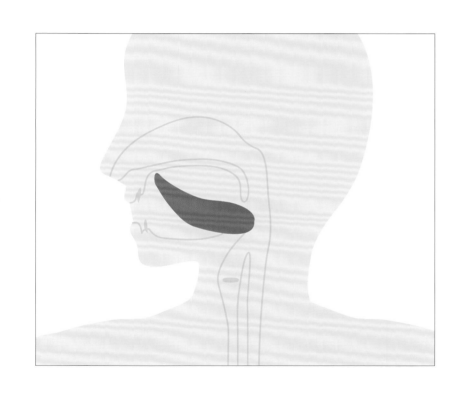

받침[ㄹ] 음소 인지하기 (1음절)

달	비	발	말	쥐
별	해	개	벌	알
배	칠	귤	자	활

- 단어를 보고, 받침[ㄹ]이 들어간 단어를 찾는 활동입니다.

- 아동이 스스로 단어를 말하며 받침[ㄹ]을 인지하게 해주세요.

- 만약, 그림을 보고 목표 단어가 아닌 다른 단어로 산출하는 경우 바꾸어 들려주세요.
  (예. '달님'이라고 읽는 경우 '달'이라고 목표 단어를 정확하게 다시 들려주세요)

지도의 예시 1

지도자 : (달을 가리키며) 이것의 이름은 무엇인가요?

학생 : 달이에요.

지도자 : 소리에 /을/이 있나요?

학생 : 네 있어요.

지도의 예시 2

아동이 스스로 단어를 말하며 받침소리를 인지하는 것에 어려움을 보이는 경우

지도자 : 단어를 잘 듣고 /을/소리가 있는지 찾아보세요.
'달'에 /을/소리가 있나요?

학생 : 모르겠어요.

지도자 : (소리를 길게 들려주며)
'드아을'에 /을/소리가 있나요?

학생 : 네 있어요.

받침[ㄹ] 음소 인지하기 (1음절)

받침[ㄹ] 음소 인지하기 (2음절)

가위	딸기	콜라	거울	카드
이불	나비	퍼즐	썰매	물개
도끼	발레	바지	빨대	오이

지도의 예시

지도자 : (이불을 가리키며) 이것의 이름은 무엇인가요?

학생 : 이불이에요.

지도자 : 소리에 /을/이 있나요?

학생 : 네 있어요.

지도자 : 어디에 /을/소리가 있나요? '이'에 있나요?
　　　　　'불'에 있나요?

학생 : '불'에 있어요.

- 단어를 보고, 받침[ㄹ]이 들어간 단어를 찾는 활동입니다.

- 아동이 스스로 단어를 말하며 받침[ㄹ]을 인지하게 해주세요.

- 만약, 그림을 보고 목표 단어가 아닌 다른 단어로 산출하는 경우 바꾸어 들려주세요.

  (예. '음료수'라고 읽는 경우 '콜라'라고 목표 단어를 정확하게 다시 들려주세요)

받침[ㄹ] 음소 인지하기 (2음절)

받침[ㄹ] 음소 첨가

별   물   일   솔

- 지시문 : 잘 듣고 /을/소리를 더하면 어떤 단어가 완성되는지 찾아 손으로 짚어보세요.

  1) '무'에다가 /을/소리를 더하면? (물)

  2) '이(2)'에다가 /을/소리를 더하면? (일)

  3) '소'에다가 /을/소리를 더하면? (솔)

  4) '벼'에다가 /을/소리를 더하면? (별)

받침[ㄹ] 음소 첨가

받침[ㄹ] 음소 생략

무   이   소   벼

- 지시문 : 잘 듣고 /을/소리를 빼면 어떤 단어가 완성되는지 찾아 손으로 짚어보세요.

  1) '별'에서 /을/소리를 빼면? (벼)

  2) '물'에서 /을/소리를 빼면? (무)

  3) '일'에서 /을/소리를 빼면? (이)

  4) '솔'에서 /을/소리를 빼면? (소)

받침[ㄹ] 음소 생략

  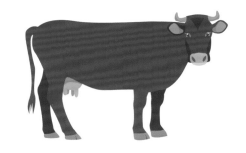 

받침[ㄹ] 어휘 예습

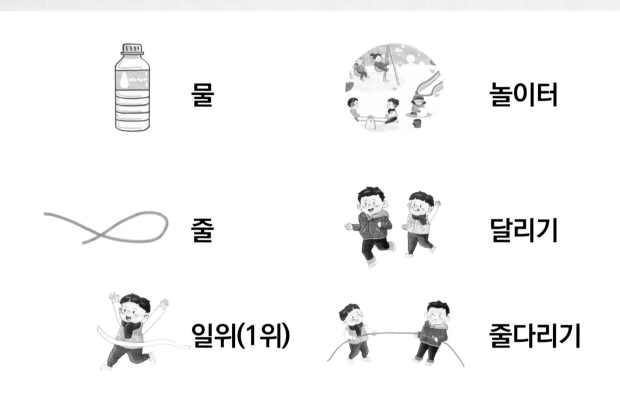

물

놀이터

줄

달리기

일위(1위)

줄다리기

지도의 예시

지도자 : (물을 가리키며) 읽어보세요.

학생 : 모르겠어요.

지도자 : 소리를 천천히 읽어 볼게요.

소리를 듣고 합쳐보세요.

(소리를 길게 들려주며) 므+우+을

학생 : 물

- 동화를 읽기 전 동화 속 단어를 예습하는 단계입니다.
- 단어를 읽는 것에 어려움을 보이는 경우 음소를 하나씩 분리해서 말한 뒤 합쳐서 말하게 해주세요.

받침[ㄹ] 어휘 예습

 물

 놀이터

 줄

 달리기

 일위(1위)

 줄다리기

받침[ㄹ] 어휘 예습

콜라

꼴찌

하늘

노을

겨울

술래

지도의 예시

지도자 : (하늘을 가리키며) 읽어보세요.

학생 : 모르겠어요.

지도자 : 소리를 천천히 읽어 볼게요.

소리를 듣고 합쳐보세요.

(소리를 길게 들려주며) 흐+아+느+으+을

학생 : 하늘

- 동화를 읽기 전 동화 속 단어를 예습하는 단계입니다.

- 단어를 읽는 것에 어려움을 보이는 경우 음소를 하나씩 분리해서 말한 뒤 합쳐서
  말하게 해주세요.

받침[ㄹ] 어휘 예습

 콜라

 꼴찌

 하늘

 노을

 겨울

 술래

동화의 구성

- **지도방법**

  1) 아동이 받침[ㄹ]의 음가를 정확히 산출할 수 있는지 확인해 주세요.

  2) 동화를 읽기 전, 또는 읽은 후 받침[ㄹ]이 들어가는 단어를 찾아 한 번 더 읽게 해주세요.

  3) 동화를 처음부터 끝까지 다 읽은 뒤 앞으로 돌아와서 질문을 해주세요.

- **총 601음절로 구성된 동화입니다.**

- **동화에 나오는 단어 목록 (총 42개)**

걸리다	겨울	골라(고르다)	그늘	꼴찌	내일	노을
놀다	놀이	놀이터	달다	도율	돌아가다	들어오다
마실(마시다)	말하다	물	밀다	벌써	불러(부르다)	빨라(빠르다)
뿔뿔이	소율	술래	쉴(쉬다)	슬기	아이들	예슬
오늘	올(오다)	이길걸(이기다)	이럴(이러다)	일(1)	줄	줄다리기
즐거워(즐겁다)	철수	콜라	탈(타다)	투덜거리다	하늘	할(하다)

받침 탐험대

놀이터에 놀러가요

받침[ㄹ]이 포함된 단어 :
얘들아, 놀러/놀까('놀다'의 활용형), 놀이터, 아이들

아이들이 모여서 놀이터에 가기로 해요.

- 내용 파악 질문

  1) 아이들이 모여서 어디로 갔나요? (놀이터)

아이들이 모여서 놀이터에 가기로 해요.

받침[ㄹ]이 포함된 단어 :
하늘, 오늘, 내일, 놀('놀다'의 활용형), 말해요('말하다'의 활용형)

하늘아 놀러 가자

오늘 바빠서 가야 해.
내일 놀자

하늘이가 내일 놀자 말해요.

- 내용 파악 질문

  1) 슬기가 누구에게 놀자 했나요? (하늘)

  2) 하늘이가 언제 놀자 했나요? (내일)

하늘이가 내일 놀자 말해요.

받침[ㄹ]이 포함된 단어 :
놀('놀다'의 활용형), 하늘, 철수, 도율, 슬기

- 내용 파악 질문

  1) 누가 놀러 갔나요? (철수, 도율, 슬기)

하늘이 빼고 철수, 도율, 슬기가 놀러 가요.

받침[ㄹ]이 포함된 단어 :
탈('타다'의 활용형), 밀어('밀다'의 활용형), 골라요('고르다'의 활용형), 놀이 기구

모여서 탈 놀이 기구를 골라요.

- 내용 파악 질문

  1) 슬기가 뭐 타자고 했나요? (그네)

  2) 철수가 뭐 타자고 했나요? (시소)

모여서 탈 놀이 기구를 골라요.

받침[ㄹ]이 포함된 단어 :
슬기, 밀어('밀다'의 활용형), 도율

슬기가 도율이의 그네를 밀어줘요.

- 내용 파악 질문

  1) 누가 그네를 밀어줬나요? (슬기)

  2) 누가 그네를 탔나요? (도율)

슬기가 도율이의 그네를 밀어줘요.

받침[ㄹ]이 포함된 단어 :
술래놀이, 할('하다'의 활용형) 슬기, 말, 아이들

술래놀이할 아이들 모두 모두 모여라

슬기가 말하자 아이들이 술래놀이를 하러 모여요.

• 내용 파악 질문

　　1) 아이들이 왜 모였나요? (술래놀이를 하러)

슬기가 말하자 아이들이 술래놀이를 하러 모여요.

받침[ㄹ]이 포함된 단어 :
술래, 할래('하다'의 활용형), 골라요('고르다'의 활용형)

가위바위보를 해서 술래를 골라요.

- 내용 파악 질문

  1) 술래를 어떻게 골랐나요?

     (가위바위보를 해서)

가위바위보를 해서 술래를 골라요.

받침[ㄹ]이 포함된 단어 :
술래, 걸리다, 슬기, 투덜거리며('투덜거리다'의 활용형), 둘

슬기가 술래가 되어서 투덜거리며 수를 세어요. 하나, 둘.

- 내용 파악 질문

  1) 누가 술래가 되었나요? (슬기)

슬기가 술래가 되어서 투덜거리며 수를 세어요. 하나, 둘.

받침[ㄹ]이 포함된 단어 :
놀이, 줄, 철수, 올게('오다'의 활용형)

- **내용 파악 질문**

  1) 누가 줄을 가져왔나요? (철수)

  2) 아이들이 줄로 무슨 놀이를 했나요?

   (기차놀이)

철수가 줄 가져와서 모두 기차놀이해요.

받침[ㄹ]이 포함된 단어 :
물, 마실래('마시다'의 활용형), 철수, 놀다가('놀다'의 활용형), 그늘

- 내용 파악 질문

  1) 철수가 무엇을 마셨나요? (물)

  2) 철수가 물을 어디서 마셨나요? (그늘)

철수가 놀다가 너무 더워서 그늘에서 물 마시며 쉬어요.

받침[ㄹ]이 포함된 단어 :
쉴래('쉬다'의 활용형), 물, 마실래('마시다'의 활용형), 콜라, 달다, 철수, 슬기

철수가 슬기에게 콜라 줘요.

- 내용 파악 질문

    1) 슬기가 무엇을 마셨나요? (콜라)

    2) 누가 슬기에게 콜라를 줬나요? (철수)

철수가 슬기에게 콜라 줘요.

받침[ㄹ]이 포함된 단어 :
예슬, 소율, 놀자('놀다'의 활용형), 놀이터, 불러요('부르다'의 활용형)

슬기가 예슬이와 소율이를 놀이터로 불러요.

- 내용 파악 질문

  1) 슬기가 누구를 불렀나요? (예슬, 소율)

슬기가 예슬이와 소율이를 놀이터로 불러요.

받침[ㄹ]이 포함된 단어 :
예슬, 소율, 고무줄놀이, 아이들

• 내용 파악 질문

   1) 여자아이들끼리 무슨 놀이를 했나요?

     (고무줄놀이)

여자아이들끼리 모여서 고무줄놀이를 해요.

받침[ㄹ]이 포함된 단어 :
달리기, 빨라('빠르다'의 활용형), 이길걸('이기다'의 활용형)

• 내용 파악 질문

  1) 모두 모여 무엇을 하기로 했나요?

    (달리기)

모두 모여 달리기하기로 해요.

51

받침[ㄹ]이 포함된 단어 :
도율, 일(1), 철수, 꼴찌, 들어와요('들어오다'의 활용형)

도율이가 일위로 들어오고 철수가 꼴찌로 들어와요.

- 내용 파악 질문

   1) 누가 일등으로 들어왔나요? (도율)

   2) 누가 꼴찌로 들어왔나요? (철수)

도율이가 일위로 들어오고 철수가 꼴찌로 들어와요.

받침[ㄹ]이 포함된 단어 :

즐거워('즐겁다'의 활용형), 꼴찌, 이럴('이러다'의 활용형), 줄다리기, 철수, 도율

철수가 도율이에게 줄다리기하자고 해요.

- 내용 파악 질문

  1) 철수가 도율이에게 무엇을 하자고

     했나요? (줄다리기)

철수가 도율이에게 줄다리기하자고 해요.

받침[ㄹ]이 포함된 단어 :
철수, 도율, 줄다리기

철수와 도율이가 줄다리기를 해요. 이겨라! 이겨라!

- 내용 파악 질문

  1) 누가 줄다리기를 하나요? (철수, 도율)

철수와 도율이가 줄다리기를 해요. 이겨라! 이겨라!

받침[ㄹ]이 포함된 단어 :
하늘, 벌써, 겨울, 빨리, 노을

- **내용 파악 질문**

  1) 하늘이 어떤가요?

     (어두워진다, 노을이 진다)

  2) 왜 해가 빨리 지나요? (겨울이라서)

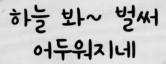

하늘 봐~ 벌써
어두워지네

그러게 겨울이라
해가 빨리 지나 봐

어느새 하늘에 노을이 져요.

받침[ㄹ]이 포함된 단어 :
돌아가야('돌아가다'의 활용형), 내일, 놀자/놀기로('놀다'의 활용형), 뿔뿔이

이제 돌아가야 해

내일 또 놀자

어두워져서 내일 또 놀기로 하고 뿔뿔이 헤어져요.

- 내용 파악 질문

  1) 친구들이 언제 또 놀자 했나요? (내일)

  2) 친구들이 왜 집으로 돌아갔나요?

  (어두워져서)

어두워져서 내일 또 놀기로 하고 뿔뿔이 헤어져요.

받침[ㄹ]이 포함된 단어 :
내일, 놀이터, 놀자('놀다'의 활용형)

내일도 모레도 놀이터에서 놀자!

- 내용 파악 질문

  1) 내일도 모레도 어디서 놀자고 했나요?

     (놀이터)

내일도 모레도 놀이터에서 놀자!